¿Qué son los científicos?

¿Qué hacen ellos?

Vamos a descubrirlo.

por Rita Golden Gelman y Susan Kovacs Buxbaum
Ilustrado por Mark Teague
Traducido por Amalia Bermejo

SCHOLASTIC INC.

New York Toronto London Auckland Sydney

ISBN 0-590-46941-X

Text copyright © 1991 by Rita Golden Gelman
and Susan Kovacs Buxbaum.
Illustrations copyright © 1991 by Mark Teague.
Spanish translation copyright © 1993 by Scholastic Inc.
All rights reserved. Published by Scholastic Inc.
MARIPOSA™ is a trademark of Scholastic Inc.

13 12 11 10 9 8 7 6 5 4 3   7 8 9/9 0/0

Printed in the U.S.A.   08
First Scholastic printing, April 1993
Original edition: February 1991

3

Los científicos son personas
Hay científicos gordos
y científicos delgados.
Unos son altos y otros son bajos.
Científicos con cola de caballo.
Científicos con barba.

Algunos científicos salen a correr,
mientras otros arreglan el jardín.
Unos miran televisión.
A otros les gusta leer y escribir.

6

Juegan con sus hijos.
Comen pastel de moras.
Bailan y cocinan
y ríen y lloran.

Roncan, tienen hipo y se abrazan,
igual que todos los otros humanos.

¡MIRA! ¡TIENE LA LENGUA AZUL!

LA PALABRA **CIENTÍFICO** VIENE DE LA PALABRA LATINA **SCIENTIA** QUE SIGNIFICA "SABER".

¡VAYA! ¡ME PARECE QUE PUEDO VER MI CASA!

Los científicos lo estudian **todo**:
Perros y gatos.
Humo y niebla.
Terremotos.
Imanes.
Flores y
fuego.

8

Luz y sonido.
Cohetes.
Estrellas.
Huesos y sangre.
Computadoras.
Autos.

9

Son
microbiólogos,
endocrinólogos,
paleontólogos,
bacteriólogos
criobiólogos,
meteorólogos,
físicos,
químicos.
Y éstos son
sólo algunos.

15

BIÓLOGO

BIOS SIGNIFICA "VIDA" EN GRIEGO.

LOGO SIGNIFICA " QUE ESTUDIA".

¿Qué es una flor?
¿Cómo crece?
¿Qué es una ballena?
¿A dónde va?

¿Qué es la sangre?
¿Qué función tiene?
¿Qué hace que yo sea yo?
¿Qué hace que tú seas tú?

Un árbol.
Una planta.
Un conejo.
Un ratón.

Los biólogos estudian
todo esto y más.

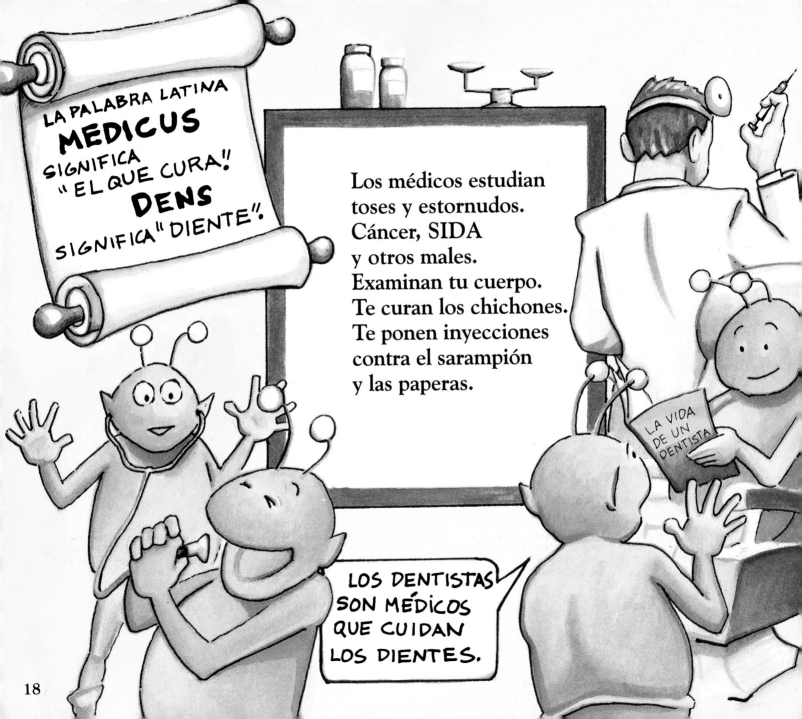

Los animales también
tienen quien los cure.
Es lo que hacen los veterinarios.

19

LOS PRIMEROS
QUÍMICOS,
LLAMADOS
ALQUIMISTAS
INTENTARON
CONVERTIR
METALES EN ORO.

Los químicos miden y mezclan.
Trabajan con $H_2 SO_4$.
Con HCl y NH_3.
Con probetas y cubetas
y con fuego también.

Ellos saben qué sucede
cuando el hierro se oxida
o la plata se ennegrece.
Estudian los cambios
de gases a líquidos,
de líquidos a sólidos
y viceversa.

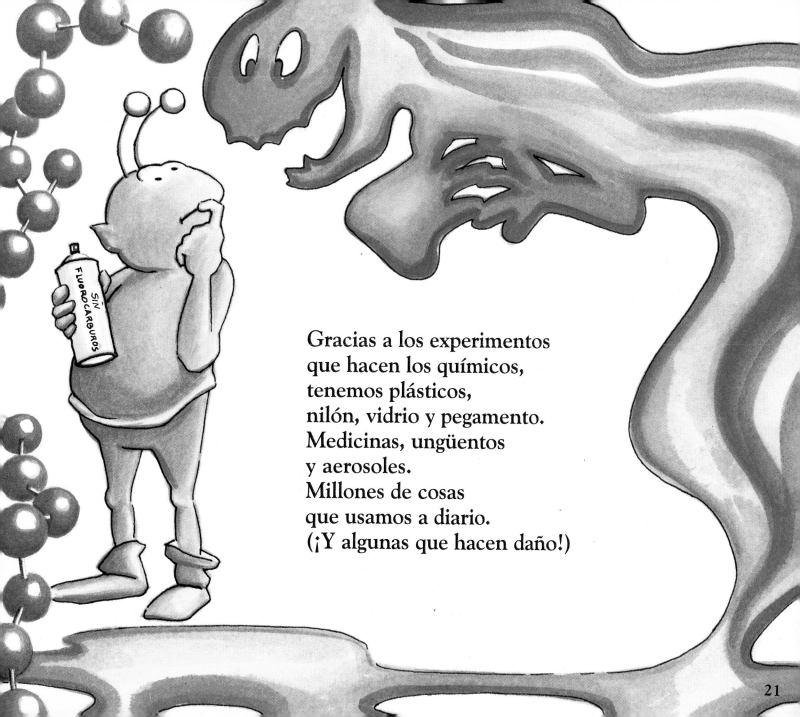

Gracias a los experimentos
que hacen los químicos,
tenemos plásticos,
nilón, vidrio y pegamento.
Medicinas, ungüentos
y aerosoles.
Millones de cosas
que usamos a diario.
(¡Y algunas que hacen daño!)

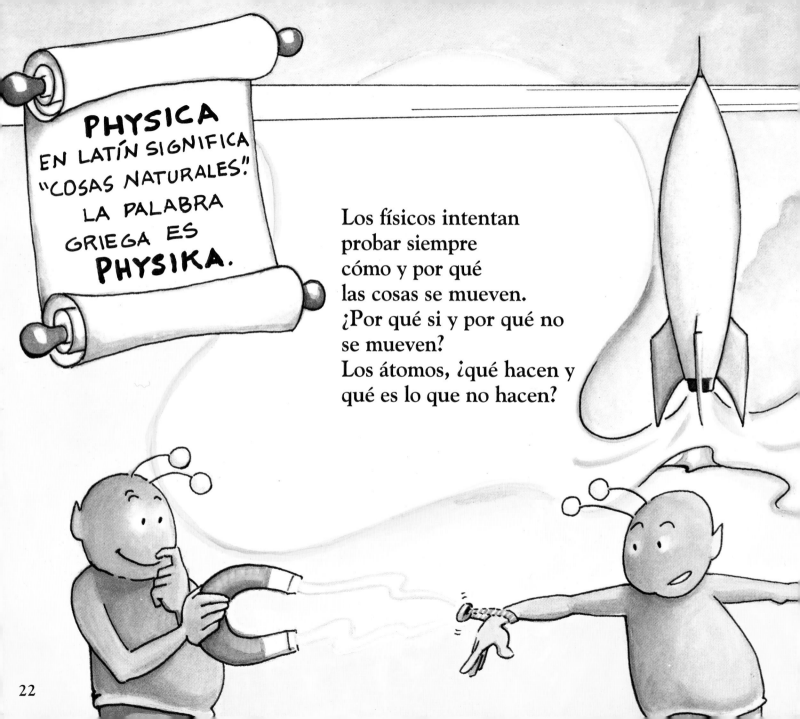

PHYSICA EN LATÍN SIGNIFICA "COSAS NATURALES." LA PALABRA GRIEGA ES PHYSIKA.

Los físicos intentan
probar siempre
cómo y por qué
las cosas se mueven.
¿Por qué si y por qué no
se mueven?
Los átomos, ¿qué hacen y
qué es lo que no hacen?

Computadoras y cohetes,
televisores en color.
El rayo laser y otras cosas
que incluso no puedes ver.
Música y motores,
imanes y aviones.
Los físicos piensan
en todas estas cosas.

23

ASTRON

EN GRIEGO SIGNIFICA

"ESTRELLA".

PLUTÓN

NEPTUNO

URANO

TIERR

Los astrónomos piensan
acerca de las cosas del cielo.
Cómo se mueven
y dónde
y por qué.
Meteoros, cometas,
lunas y estrellas.
Venus, Marte, Júpiter
y otros planetas.

Hay aproximadamente 100.000.000.000.000.000.000.000
(cien mil trillones) de estrellas en el universo.

24

SATURNO

JÚPITER

MARTE

VENUS

MERCURIO

SOL

Toman medidas.
Hacen mapas.
Observan.
Calculan y comprueban.

Los astrónomos trabajan muchas horas en todas estas cosas.

Si el Sol fuese del tamaño de una pelota de playa
la Tierra sería del tamaño de un guisante.

GE EN GRIEGO SIGNIFICA "TIERRA".

Los geólogos estudian la materia de la Tierra y como se llegó a formar. Estudian volcanes, piedras antiguas, y las montañas bajo el mar.

Terremotos, lava, fósiles, y petróleo. Diamantes, plata, rocas y suelo.

Cuando hay un terremoto,
cuando un géiser chorrea.
Si el taladro sondea
y el petróleo aflora.
Cuando un volcán explota
o cae un meteoro,
los geólogos quieren
estudiarlo todo.

27

METEORON EN GRIEGO SIGNIFICA "COSA EN EL AIRE".

Los meteorólogos quieren saber
de tornados y huracanes
y de luces en el cielo, el porqué.

Llovizna y viento,
niebla y ventisca,
lluvia y nieve
truenos y bruma.

Estudian tifones,
miden monzones.
Con globos y mapas
y computadoras.

DESPEGAMOS MAÑANA. DEBEMOS AVERIGUAR EL PRONÓSTICO DEL TIEMPO.

Estudian los satélites para saber qué tiempo hará.

¿Te gustaría ser científico?

AQUÍ TIENES COMO:

Sé curioso.
Haz muchas preguntas,
y procura encontrar
las respuestas.

30

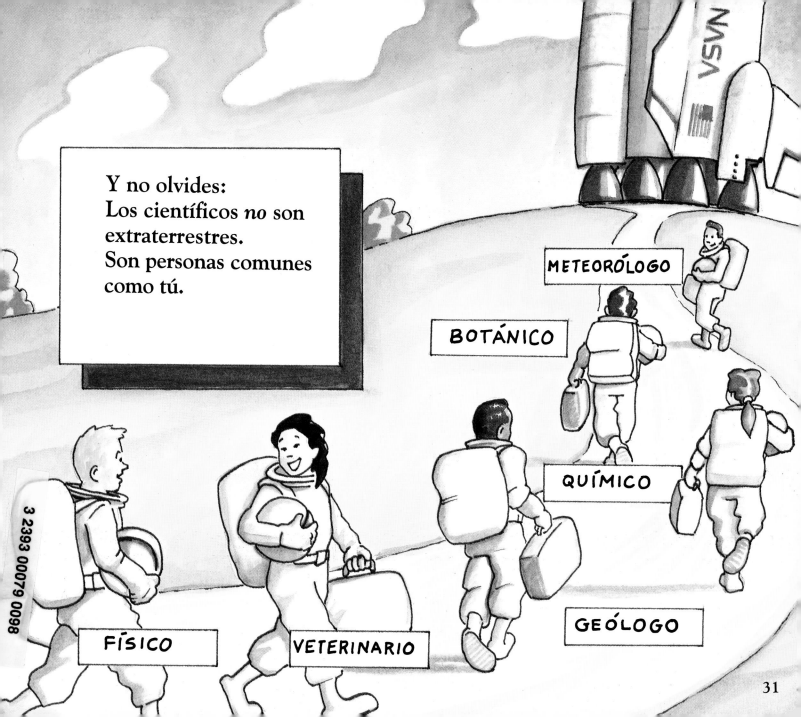

Y no olvides:
Los científicos *no* son extraterrestres.
Son personas comunes como tú.